JN410344

원으로 가는 길

제1회
계간문예문학상
수상작품집

제1회 계간문예문학상 수상작품집

원으로 가는 길

노유섭 시집

계간문예

| 시인의 말 |

다시 봄이 오고 있습니다. 지난 가을과 겨울은 참으로 고난의 시간이었습니다. 사고로 만 3개월을 꼼짝없이 누워 지내야만 했던 아득한 날들, 그 어두운 터널 안에서도 시는 제 곁에 있었고 위로 준 가족과 문우, 벗들이 있어서 견딜 수 있었습니다.

아홉 번째 시집을 냅니다. 이번 시집은 시집 터울이 짧은 편이어서 2년 가까이에 쓴 작품을 주로 1부에서 3부까지 실었고, 그동안 시집으로 싣지 못했던 작품 중 일부를 골라 주로 4, 5부에 실었습니다. 가곡으로 작곡된 작품도 그간 대부분 싣지 않았으나 제 나름의 기준, 즉 문학성으로 판단하여 일부를 골라 중간 중간에 쓰여진 순서와 무관하게 18편을 실었습니다.

이번 시집은 다친 직후 겨우 응모하여 수상하게 된 제1회 계간문예문학상 수상작 5편으로 인해 빛을 보았다 하겠습니다. 상을 제정하고 주관하신 계간문예 관계자 선생님들께 감사를 드립니다.

지금까지 저는 어려운 시는 쓰지 않았고 삶의 깊이와 넓이를 작품으로 녹여내는 일이 중요하다고 생각하며 글을 써 왔습니다. 감동과 감흥이 사라진 시대에 시를 통한 감동과 카타르시스, 삶의 의미 반추가 이루어지고 장차 나아갈 길의 제시

까지 이루어진다면 제 몫을 다하지 않겠는가 생각하고 있습니다. 다만 그 사고와 정서의 표현에서의 수준이 중요한 것이겠지요. 앞으로도 이 수준을 높이기를, 그리하여 사소하거나 평범한 것에서도 누구도 생각해 내지 못한 시의 에스프리를 통해 시의 새 지평을 열 수 있기를 스스로에게 기대하고 또 기도드립니다.

어려운 여건 하에서도 출판해 주신 정종명, 차윤옥 선생님께 그리고 저를 응원해 주시는 모든 분들께 깊은 감사를 드립니다.

2016년 3월

관악산 자락 우거寓居에서

노유섭

차례

제1부 점點

제2부 파랑새와 무지개

제3부 원

제4부 크리스마스는 와야 한다

제5부 무등산

1
점點

학교 가는 길

60이 넘어
도림천변을 따라
걸어서 학교에 간다
꿈을 잃어버린 순간
죽은 인생이라 한다
걸어서 학교까지 가는 시간은
얼추 비슷할 것이다
천변을 따라 가노라면
하나 둘 스쳐 지나가는 얼굴들
천변에도 제비꽃은 피어나고
담쟁이는 벽을 타고 오르는데
학교에 간다 꼬마 하나가
이제는 분교가 된 시골 운동장에서
넘어져 울던 꼬마 하나가
걸어서 학교에 간다
그 시골길 드넓은 평야 논두렁을 지나
여름 오훗날이면 발이 미끄러져
누군가 자꾸만 빠져 죽는다는
버드나무 둠벙을 지나

소나기를 맞으며 방둑길을 달려
푸른 들판을 아이 혼자 내달린다
아이들과 삐비꽃을 꺾어 먹으며
굴 속에서 알알 알불 쬐며
보리이삭을 구워 먹으며
60이 넘은 아이가
다시 학교에 간다

참 아름다운 날들

그런 시간이었을 것이다
그런 봄도 있었을 것이다
창 너머 복사꽃 너울대는데
복사꽃, 그 복숭아보다 황홀한 알몸만으로도
비단 윤기 자르르 흐르는
서럽도록 붉고도 푸른 저녁도 있었을 것이다
참 아름다운 날들이 영원인 듯
한가로이 골목 바람 쏘이며
그렇게 지나가고 있었을 것이다
대학 1학년 공릉동 논밭 해바라기처럼
러브스토리라면 마음 속 수도 없이
뒤를 따라 밟으며 내리던 눈발이었을 것이다
으째사 쓰까 으째사 쓰까나
어쩔 도리 없이 눈부신 저 황홀을,
저 절정의 꽃, 마침내 이울고야 말
그 몸 구석구석의 황홀을 으째사 쓰까나
푸르디푸른 강물로 안타까이 흘러가던
지상의 그 어느 꽃보다, 그 어느 과실보다도
아름다운 날들이 있었느니, 있으리니

이를 부디 잊지 말라 당부하며
지금도 참 그렇게 아름다운 날들이
차창 밖으로 고개 내밀고 환호성하며
지금 이 순간도 지나고 있을 것이다

점點

폐지를 주워 파는 허리 꼬부라진 할아버지의 손끝에선
청국장 냄새가 난다
블루클럽이 아닌 이발소,
사라진 그 느린 풍경이 살아나면
다시 옛날로 돌아갈 수 있을까
무성영화, 흑백영화 그 느린 것들
슬로모션으로 되살아나면
양복점에서 갓 지은 양복으로 갈아입은
종로의 추억은 어느덧
허리우드 실버영화관으로 바뀌어
지바고의 창 밖엔 하염없이 다시금 눈이 내리고
추억더하기 늙은 디제이가 틀어주는 뮤직박스에선
지금도 마로니에는 피고 있겠지
예전엔 몰랐었네
그때를 그리워할 줄 예전엔 몰랐었노라고
오랜 만에 불러준 이름으로 꽃이 피었다
그 꽃에 배를 태워 군산의 초원사진관으로 데려간 바람이
사랑을 간직한 채 떠날 수 있어
고맙다는 말을 다시 남기는데

초고속으로 바뀌는 낭떠러지 돌 틈에서
잠깐 든 잠 속 아이는
소금쟁이도 집이 있잖아
지금 이 시간에 점을 찍으라 한다

사랑을 받아야 하는 존재

하나님이
전능하신 하나님이
무엇이 부족해서
주를 사랑하라 하셨을까
자식을 키워보니 알겠구나
부모도 주기만 하는 것이 아니라
사랑을 받아야 하는 존재란 것을
목사도 성도에게서
순장도 순원에게서
사랑을 받아야 하는 존재란 것을
아바 아버지 하나님도
아, 그래서 전능하신 하나님께서도
존중받기를, 사랑받기를 바라신다는 것을 알겠구나
하나님도, 부모도 자신을 사랑해 주는 자식이
이뻐 보인다는 것을
동물도 식물도 우리 모두는
사랑을 주기 위하여
사랑을 받아야 하는 존재란 것을
관계란 것도, 모든 관계란 것도
다만 그러한 것이란 것을 알겠구나

몫

그게 어머니의 몫이라 하였습니다
그게 아버지의 몫이라 하였습니다
수능일에, 다른 길이 없는 시험일 전후에
염려가 소용없다 하여도
어머니라는 이름으로
결과야 어찌 되든
아버지라는 이름으로
삭풍한설 맞으며
손발이 오그라든 채
산 넘어 산길,
그 벼랑 끝에 매달려
피 흘려 평생을 다만 그렇게
기도하는 것이
어머니의 몫이라 하였습니다
아버지의 몫이라 하였습니다

영산강

내 안엔, 내 몸엔 강물이 흐르네
십만 키로 굽이굽이 붉고도 맑은 강물이 흐르네
조상 대대로 내려온 내력, 쓰러지고 쓰러져도
보듬어 일으켜 세운 사랑의 강물이여
큰 굽이, 작은 굽이 나를 키워준 젖줄이라네
타관객지 떠돌며 잊어버리고, 잊어버리자고 살아가도
내 안엔, 내 맘엔 흐려도 푸른 강물 하나 흐르네
가멸지거나 빈궁할 때도 육자배기 가락으로 춤을 추는
영산강이여 영산강이여
영산강이 키운 사람들이여
못나서 좋고, 슬퍼서 정겨운 사람들이여
오늘도 내 안엔, 내 맘엔
푸르고 맑은 피, 올곧은 붉은 피
강물 되어, 강물이 되어 흐르네

---

* 최경희 작곡, 서울바로크싱어즈 합창

영춘화

꽃샘 추위에
노란 모닥불을 피우고
둘러앉았다
"봄이 오긴 온 건가."
"글쎄, 세월은 항상 수상하더군."
"가만 있을 바람이란 없는 걸."
문득 중노인 하나
물오른 알종아릴 툭 건드린다
"엇! 이 늙은이가!"
화들짝! 긴 다리 처녀는
휘이익! 휘어진 다리를 들어 얼굴을 걷어찬다

당신 향한 사랑

꽃 속에 당신의 얼굴이 있고
별 속엔 당신의 눈동자가 있어요
사랑이 오면 삶의 등불 켜지나니
천하 만물 당신 향해 춤을 추지요
당신 향한 사랑이란 영원한 삶 그것이라오
오, 당신 향한 사랑이란 영원한 빛 그것이라오

대지大地엔 당신의 모습이 있고
허공엔 당신의 푸른 영이 있어요
사랑이 오면 땅과 하늘 열리나니
천하 만물 사랑비에 흠뻑 젖지요
당신 향한 사랑이란 영원한 삶 그것이라오
오, 당신 향한 사랑이란 영원한 빛 그것이라오

---

* 김진우 작곡, Sop. 이현정 노래

디엠지(DMZ) 평화의 나라

디엠지가 바로 여긴데
디엠지 평화의 땅이 바로 여긴데
온갖 꽃과 나무, 새와 곤충이 어우러진
디엠지를 펼치고 펼쳐
백두에 이르도록 한라에 이르도록
펼치고 펼쳐
한겨레 한민족끼리
총도 미사일도 겨누지 않는
디엠지 평화의 나라는 언제 오려나
디엠지가 바로 여긴데
디엠지 평화의 땅이 바로 여긴데
온갖 꽃과 나무, 새와 곤충, 물고기와 산짐승이
더불어 사계절 만들어가는
선하고 아름다운 나라 코리아
대대손손 영광의 빛으로 이어갈 그날은 언제런가
디엠지가 바로 여긴데
한라에 이르도록 백두에 이르도록
디엠지 평화의 나라
동과 서 남과 북이 하나 되어 살아가는 그날은
또 다른 그 아름다운 날은 언제나 오려나

---

* 길정배 작곡, 필하모닉합창단 합창

꿈빛으로 흐르는 강과 별

동강엔 어라연 계곡, 서강엔 한반도 지형
억겁세월 송림단애 병풍 되어 둘렀는데
가을햇살 눈부시게 반짝이는 날에는
슬픔도 익고 익어 기쁨이 되는지
청령포 단종의 한, 노루목 김삿갓의 혼
첩첩 산 아래 굽이굽이 옥구슬 되어 흘러가누나

검룡소, 조양강 지나 평창강, 선돌을 지나
동강 서강 영월땅을 품에 안고 흐르는데
풀잎마다 맑은 이슬 영롱하게 빛나면
고난도 시가 되고 꿈빛이 되는지
관음송 저 너머로, 봉래산 운해 건너
첩첩 산 위로 쏟아지는 별들의 향연 무궁하여라

---

* 임긍수 작곡, Sop. 강혜정 노래

설일雪日

눈 깊은 날에는
자꾸만 잠에 빠진다
감기약에 빠져들 듯
푹푹 눈 속에 파묻힌다
블랙홀인 양 이리 빨려들면 안 되지
눈을 떠라 눈을 떠
내용도 모르고 읽어 가는 책
더블린 흐린 하늘가에도
또 눈은 내리고
날은 어둡고 깊어가는데
애써 숯불을 지피는 마분지와 마른 입술이 있어
세상이 지워지는 눈 속으로
깊어가는 어둠 그 한가운데에서
동백꽃망울 하나 툭 벙글고 있다

사랑으로 가는 길

사랑하는 자여
일어나 길을 가자

내 가는 길
어떠한 길인지
알 수 없어도
사랑으로 가는 길
그 길로 가자

사랑하는 자여
나 비록 외롭고 힘들어도
나 비록 괴롭고 험하여도
사랑으로 가는 길
그 길로 가자

사랑하는 자여
나를 위하여
너를 위하여
나와 너, 우리를 위하여

갈림길, 갈림길마다
사랑으로 가는 길
그 길로 가자
사랑하는 자여

장미 얼굴

그대를 맞아들일게요
이리도 환한 얼굴로 고개 숙이니
이리로 오세요 그대여
세상 어둠 다 사르고 남은
이 붉은 태양을
그대에게 드릴게요
고개 내민 얼굴마다
사망 그늘 이겨낸 환희
바람 따라 푸른 하늘로 젖어드는 그리움을
오, 이토록 빛나는 날들을
그대여 받으소서
오늘은 축제의 날이니
어서 오셔서 이 잔치를 누리소서
그대여, 지상地上에서 하나뿐인 아름다운 그대여
넘치는 이 기쁨의 강물로 노 저어 오소서

---

* 이남림 작곡, Sop. 강혜정 노래

무상급식

교탁 바로 앞 좌석
옆에 앉은 녀석이 자꾸 찔렀지
나가 보라고
아무도 나서지 않았는데
뭐 특별히 못 살았다고
쭈삣쭈삣 왜 나섰는지
담임은 지원은커녕
이상한 눈으로 쳐다보기만 했는데
중학교 2학년 때던가 그 모습이
지금도 자꾸만 낯부끄러워 지는데
오늘은 경남도 엄마들
무상급식 지켜달라 밴드 모임하다
종북좌파 배후세력이라 몰린 것을 보며
밥과 법의 차이는 무엇인지
밥이 곧 법과 연결된다는 것인지
나도 그때 눈칫밥 먹고
몇 푼 특별히 지원을 받았다면
개천의 용이라도 되었을 것인지
오늘은 심사가 사납기만 하다

함수관계

새벽 3시 반의 셔틀버스를 향해 가는데
바람 속에 밟히며 휘몰아치는 것들
립 카페 3만 9천원
휴대폰 번호가 적힌 노란색 전단지들
보도블록 바닥에 떨어져 뒹구는데
같은 보도블록 바닥에 서투른 글씨로 적힌
유리테이프로 덕지덕지 붙여진 종이에
창백한 광고문구
무조건 떨이 500원
그 차이는 무엇인가
문 닫은 약국 임시가게에서
위장한 폐업으로 귀 따가운 한낮의
아줌마 외치는 파열음과
아직 청소부가 거두어가기 전
이 밤 꿈꾸는 저 카페의 차이는 얼마나 될까
별이 빛나는 밤의 무도회장 굉음에 실려
다들 바람에 휘날리고 있으니
다만 암담하다고 해야 할까
그래도 행복하다고 해야 할까

정의할 수 없는 함수는 무얼까
낮과 밤 그리고 500원과 3만 9천원의
x축과 y축 함수관계는 무어지?
숙제로 다가오는데
기다리지 않는 주황빛 택시는 자꾸만 멈춰 서는데
그들 고객님의 차이는 뭘까
고객님은 비례할까 반비례할까
아 그 휴대폰 번호에 전화해 볼 걸 그랬나
이윽고 버스가 와서 멈추는데
글쎄 이 문제는 누가 낸 거야

봄은 또 오고

올 봄도 왔구나야
벚꽃비 내리니
또 갈 거이고

서울로 왔던 사람은
70이 넘어
고향으로 가고

그래도
돌아갈 고향이 있는 사람은
얼마나 좋으냐고
푸념하는데

고향으로 돌아가는 사람들
서울 사람들 눈에 밟히고
돌아갈 고향 없는 사람들
고향생각 눈에 밟히고

봄은 또 오고

또 그렇게
갈 것인데

2
파랑새와 무지개

전쟁 중

지금은 전쟁 중
소나기 그친 뒤
풀숲에 숨어
푸른 하늘,
무지개도 보네

---

* 제1회 계간문예문학상 수상작품

제주바다 저 바다는

제주바다 저 바다는
그대 괴롭고 외로워도
그대 그토록 아름다운 섬
그대 섬 하나 달래고 있네

제주바다 저 바다는
살아있어 괴롭고 외로운
그대 섬 하나
가녀린 그대 어깨 두드리네

그대 평생에 멍울 든 가슴 가득
붉은 해 안겨주고
밀물꽃으로만 밀려오는 바다

어쩌면 그대 눈물과 한숨뿐일지라도
제주바다 저 바다는
아직도 저토록 눈부신 무지개빛 사랑
그대 아름다운 보물섬 가득
찬연히 넘쳐 흐르게 하네

---

* 김광자 작곡, Bass. 김요한 노래

슬픔의 뿌리

— 소록도 가는 길

깊은 슬픔은 어찌
깊은 바다 갱 속에 묻혀만 있는 것인가
가을볕 조요로이 비쳐 들면
슬픔도 숙성되어
저토록 잔잔한 바다
물굽이빛으로 피어날까
별은 우주에 가득차 있는데
한숨은 철조망 밑으로 꺼져만 가고
그늘이 어찌 빛이 된다고
보리피리 휴게소 앞 바다는
왜 저리도 푸른지
꽃들은 왜 또 그리도 붉게 피어나는지
수탄장*에 일렬로 늘어서서
남겨논 자식 바라보노라면
도돌이표로는 돌아오지 말라고
오늘이 마지막 날인 양
그저 손 흔들고 영영 돌아서는데
슬픔은 어찌 아무도 다녀간 적이 없는
아무도 모르는 곳에서만

지금도 깊고깊은 뿌리를 내리는가

---

* 직원지대와 병사지대로 나뉘어지는 경계선으로 이 도로에서 미감아동과 부모는 한 달에 한 번 눈으로만 혈육을 만났다 함
* 제1회 계간문예문학상 수상작품

메르스 바이러스는 퍼지는데

이 땅에 메르스 바이러스는 퍼지는데
그렇게 많이들 숨가쁘게 살아왔구나
해방과 전쟁, 폐허를 넘어
너도나도 숨 고를 틈도 없이
살아왔구나
그것이 뭐라고
해답 하나 손에 꼭 쥐고
놓지 못하였구나
그 해답 하나 놓치지 않기 위하여
다시금 피폐해진
너와 나와의 전쟁과 폐허,
무엇으로도 메울 수 없는
악의와 분노의 바이러스를 다스릴 수 없으니
역사의 강은 흐르고 흘러
다시금 태초를 향하여 흐르고 흘러
끝이 처음인 양, 처음이 끝인 양
처음과 끝의 구분이 없어지려 하는 것인가
이 땅에 메르스 바이러스는 퍼지는데
다시 새벽 영롱한 풀잎 이슬 깨우는 바람은 어디서

나와 너의 오염된 얼굴 씻기고
접시꽃 화안한 얼굴로
다시금 다가오려는가

한글이 왔다

한글이 왔다 훈민정음이 왔다
한글이 있어 비로소
내 나라 내 목소리를 찾았다
나랏말쌈이 중국에 달라
어린 백성이 어여쁜 백성이
뜻을 펴지 못할까 보아
맹글은 스물 여덟 글자로
닿소리 홀소리 한글이 왔다
훈민정음이 내게로 왔다
세계인과 더불어
하늘과 땅과 사람이 어울려
순하고 조화롭게 살아가도록
조선의 목소리로, 한민족의 얼과 혼으로
한글이 왔다 훈민정음이 왔다
모양도 소리도 고운
한글이, 훈민정음이 내게로 왔다

천리향으로 만리향으로

천 리를 가리 만 리를 가리
그대 그리움 찾아서
그대 사랑을 찾아서
천 리를 가리 만 리를 가리

구름 너머로, 노을 너머로
부질없는 세월은 피고 지는데
이역만리 머나먼 길에서도
천리향으로 만리향으로
꿈 속의 사랑 그대에게 가 닿으리

거친 대륙을 지나, 흉흉한 바다를 건너
그대 있는 곳으로
은하수와 안드로메다 은하 빛무리로
꿈 속의 사랑 그대를 찾아서
어둠 가르고, 티끌도 가르고
오늘도 천 리를 가리라
아, 이 밤도 만 리를 가리라

오월의 숲

언제건 계절은 봄으로 끝나리라 하네
손 흔드는 억만 만의 푸른 잎사귀
그 날에 하늘에 닿으리라 하네
넘치는 이 향기 따라 꽃과 새들 노래해
하늘 향연 그 빛 한 자락 드러내누나
바람 따라 소망 흔드는 꽃들의 영광이여
오, 바람 따라 푸른 영 살아나는 잎사귀의 환호여
광야길 꺼질 듯 지친 나그네 별자리
사망의 어두운 골짜기 지나면
그 날은 언제건 다시 봄날일지니
평안하라 너 안심하여라
부푼 가슴 적시는 푸르른 눈물
저 하늘에 맞닿아 있도다

---

* 심진섭 작곡, M. Sop. 김현주 노래

파랑새와 무지개

두어 숟가락의 현미죽을
한 알 한 알 씹으면서
두고 온 들판을 생각한다
한 사발 가득 흰 쌀밥을 먹으면서
생각지도 못한 들녘, 농부와
아버지와 그 아버지의 흔적을 떠올린다
삐비꽃은 피었을까
아득한 전설처럼 남은 유년의 회로 속에서
병상에서 깊은 삶의 첫 기억과 조우를 생각하듯
부족 속에서
그리하여 버림으로 인하여 도리어
잃어버린,
그리도 찾으려 했어도
찾지 못했던 파랑새,
그 언덕에
떠오르는 무지개를 바라본다

---

* 제1회 계간문예문학상 수상작품

열방에 새 빛을 비추소서
— 광복 70주년에 부쳐

나의 조국 대한민국은 선하고 아름다운 나라라
이제는 아무 세력에게든지
그 빛 다시 잃지 않게 하시고
힘 센 나라, 부강한 나라 될 때에도
그 힘 남용 말게 하소서

나의 조국 대한민국은 선하고 아름다운 나라라
이제는 약한 자의 설움 떨치고 일어나
열방에 의義의 빛을 발하게 하소서
눈물 있는 곳에 웃음을
분쟁 있는 곳에 평화를
고통 있는 곳에 치유와 회복을
꽃피우게 하는 나라,
그 빛의 영광 되게 하소서

고요한 아침의 나라,
평화로 다시 하나 될
꿈 푸른 나의 조국 대한민국이여
이제 다시 온갖 사슬 떨치고 일어나

하나 된 한민족 그 얼과 혼으로
열방에 새 빛을 비추소서
사랑으로, 다만 사랑으로만 쓰임 받아
열방에 새 빛을 비추소서

봄빛 마을

내 작은 마을에 봄빛이 물들면
청보리 잎들은 더욱 더 우거져
어여쁜 꽃송이 방울져 흐르네
세상 시름 다 잊고 나 편히 쉴 수 있는 곳,
따뜻한 햇살과 바람 이 곳에 있으니
나 여기 살리라 내 작은 봄빛 마을에

내 작은 마을에 봄 햇살 비치면
물오른 새싹은 더욱 더 푸르러
산과 들 강물은 새 기운 넘치네
모든 나를 버리고 나 편히 쉴 수 있는 곳,
포근한 그 날개 품이 날 감싸 주노니
나 여기 살리라 내 마음 봄빛 마을에

---

* 김규태 작곡, Ten. 하만택 노래

꽃제비

누가 이름 지었나
누가 만들었나
꽃도 제비도 제비꽃도 아름다운데
꽃제비 아름다운 이름을
누가 지었는가
누가 꽃제비를 만들었는가
꽃으로 피어야 할 아이에게
어찌 쓰레기를 먹이고
제비가 되어 날고파도
어찌 철조망으로 가두는가
꽃제비 그 아름다운 이름을
누가 부끄럽게 하는가
누가 꽃제비를
꽃도 제비도 되지 못하게 만드는가
삼천리 화려강산
화려한 꽃으로 피어
제비처럼 디엠지(DMZ)를 날아오를
아름다운 이름 꽃제비의
그 날은 언제런가

초록 여름

무궁화 희고 붉게 피고 져도 한 철일 뿐,
여름이 가면 이미 겨울이란다
생은 짧다! 짧다!고
녹음 속에서 매미가 떼로 긴급타전할 때
연꽃과 타는 장미, 참나리꽃도
여름아 멈추어라!고 소리라도 칠 일이다
비와 바람과 햇빛으로 인하여
벼 포기도, 도라지꽃도, 풋감도
저토록 눈부시고 숨막히게 살져 가는데
황홀한 꽃과 꿈꾸는 잎사귀들이여
열리지 않으면 거둘 것이 없으니
타는 고독과 입 벌린 무력의 함정 속에서도
그냥 엎드려 잠들지 마라
초록 여름은 어둠 속 내 생의 찬란한 보석,
참 위대한 이 계절을 우리는 다만
찬연한 성숙의 신비로 나아가게 할 일이다

그 들녘으로

지금은 나이가 들어 어린 날들을 보네
그 들녘으로 돌아가리라, 돌아가리라 하네
꿈 푸른, 보리 푸른 청보리밭으로 나 흔들리고 싶네
벼이삭 사이로 메뚜기, 방아깨비 뛰놀고
논물 맑은 자리엔 붕어와 우렁이, 미꾸라지 숨쉬는
황금들녘 벼이삭으로 나 흔들리고 싶네
출렁이는 밀이삭 너머
노을이나 한 번 더 보았으면
아, 출렁이는 밀이삭 너머
노을이나 한 번 더 보았으면
나이가 들어 지금은 나 돌아가고 싶네
넘치도록 푸르른 모낸 그 밤의 무논 자리,
그 어린 날들로, 그 들녘으로 나 이제 돌아가고 싶어라

---

* 박경규 작곡, Ten. 유승범 노래

깡패가 법과 정의를 부르짖네

땅은 꺼지고 바다는 넘쳐서인가
보이스피싱이 통장을 조심하라며,
사기꾼이 사기를 조심하라며
사기를 치고 있네
깡패가, 양아치가
법과 정의, 평화를 부르짖으며
깡패짓을, 양아치짓을
조금도 서슴지 않는 것을 보게나
그 틈새, 틈새를 폐수처럼 파고드니
법과 정의도 속수무책
당한 놈만 오늘도 무수히
화병으로 쓰러지지 않는가
음습한 그늘에서 화려한 독버섯으로 작당하는
사탄 마귀는 대적하라 했는데
상가에서건, 재개발조합에서건, 디엠지에서건
매번 선제타격을 가하니
더 큰 몽둥이 외에는
대적할 뾰족한 방법이 없다 하네그려

저 할아비

손과 발 혼마저 다 닳도록
평생 일군 건 세 자식일 것이다
저 할아비 이제 업고라도 가야 하리만
차마 놓칠까 할멈 손 꼭 잡고 간다
가을은 다시 왔는데
몸을 비우고 비워 뼈대만 남아
생각도 비우고 비워
희미한 어린아이의 흔적으로만 남아
세상 정보 모두 떠나보내고
남편도 세 자식도 떠나보내고
소풍 간다고 좋아라며
요양원 간다
한숨의 축제도 있던가
외국여행이라도 같이 갈 걸
저 할아비 허공만 바라보며
치매 요양원 입원 시키러
할멈 손 꼭 잡고 간다

---

* 제1회 계간문예문학상 수상작품

가을, 남쪽으로 가는 길

눈 감고 고운 가을 햇살 비쳐드는
남쪽으로 가는 길에는
지치고 지쳐 이제는
석회석으로 굳어버린 눈물방울
아른아른 영롱한
풀잎 이슬로 되살아나기를
한숨과 분노 좌절마저도
그 눈물방울에 녹아
나직이 다시금
푸르고 푸른 강물로 흘러가기를
잊어버린 부르고픈 그대 이름 생각나기를
열린 문으로 그 빛 다시 비쳐드는
남쪽으로 가는 길에는
죽어가는 혼들 다시 깨어나
물안개 걷힌 강마을,
푸르고 푸른 새 되어 날아가기를

---

* 제1회 계간문예문학상 수상작품

3 원

달팽이의 꿈

길이 보이지 않아도
나아가는 것이다
사지가 부러졌어도
엉금엉금 기어
나아가는 것이다
쉽고 빠른 길이 어디 있더냐
온전한 육신이 어디 있더냐
일 센티 이 센티로
무거운 집 진 채
그 어떤 영광으로도 지나치지 못할
무의미와 허무의 장대높이를 뛰어 넘어
일 센티 이 센티 바뀌는 낮과 밤을 지나
살아있는 이 아침,
우주만물을 노래하는 일이다
살아 있다는 건
이토록 사시사철 사선을 넘고 넘는 일
길이 보이지 않아도
불빛이 보이지 않아도
지금 이 길이 빛이라 여기고

오늘 목숨이 다한다 하여도
엉금엉금 기어서
모진 시멘트 바닥을 뛰어 넘어
일 센티 이 센티
드디어 푸른 숲 우거진 쉼터
그 강 가에 이를 때까지
잘 하였다 칭찬 받을 때까지
엉금엉금 기어 나아가는 것이다

가을 소나타

그 거리 모퉁이에 서 있구나
메밀꽃이 피었더라
코스모스와 맨드라미, 벼이삭이 고와도
바람이 불고 더러는 낙엽이 지더구나
눈부신 날이라 이름하기엔 애처로운 몸짓인 것을
고난은 고독과 허무도 진통제처럼 빨아들일 터이니
이제는 두려워 않기, 외로워 않기
차디찬 돌베개 다짐도 무수히 하였구나
무지개가, 하늘로 연결된 사닥다리가
보이지 않아도
그 미술관에 철제 뼈마디로만 서서
그 광장, 그 벌판에 철제 허수아비로만 서서
흐어이~ 흐어이~ 부르짖고 있구나
주어지지 않은 해답, 갈무리 못한 응답으로
거리와 전신주와 밤과 달과 별은
다만 그렇게 깊어갈 뿐이고
어제런 듯 내일이런 듯
무의미로 쌓여진 상념들이
건반 위 계단을 은어처럼 한 단계씩 튀어 오르면

지상의 마을엔 또 한 전류가 흐르고
마음에도 하나 둘 불이 켜지는구나

하향식 기쁨을 위하여

상향식 기쁨이 없으니
하향식 기쁨을 알라고
이 아침 생리현상이 이루어지는
놀라운 기쁨을 알라고
몇 시간 편히 잠들 수 있었던
미동 없이도 평안할 수 있었던
그 놀라운 기적의 시간,
그 기쁨을 알라고
거기에도 기쁨이 있다고
살아있는 존재엔 최소한
숨 쉴 수 있는 그러한
하향식 기쁨도 있노라고
그것도 누리는 자만이 누리는 것이라고
웅변 아닌 웅변을 여는
이 아침 해 뜰 무렵
풀잎에 이슬도 열리겠다

절망의 끝

절망에 절망을 더하면 무엇인가
절망에 절망을 곱하면 무엇인가
절망이 아무리 많아도
절정의 꽃,
죽음 이상은 아닐 터이니
죽음에 죽음을 더해도
죽음에 죽음을 곱해도
더 큰 고통은 없으리
죽음이 클수록 오히려 생명과 가까운 것
목숨 미련을 버리면
하늘 숨통이야 말갛게 틔어 오리라
물안개 걷히듯
고통 근심 그 짐도 사라지리라고
나는 날마다 죽노라
나직한 위로의 말씀
들려오지 않는가

지리산은 푸르다

지리산은 푸르다
충절과 반역의 역사
아픈 능선, 계곡마다
이슬로, 햇빛으로 팔 벌리고 일어서서
온 생명체 그 품 안에 지리산은 키운다

오라 오라 그대여 돌아오라 그대여
백두대간 굽이마다 더덩실 어깨춤 한데 모아
푸르른 꿈 꾸어보자
새로운 빛 비춰보자

오라 오라 그대여 돌아오라 그대여
한 맺힌 겨레의 피와 눈물
단풍 노을 저 너머에 묻고
백의민족 백설로 밝힌 영혼
천왕봉 일출로 떠올라라

팔백여 리 이 부드러운 어머니 품 안에서
동서남북 헤치고, 구름바다 한데 모아

일어서자 그대여
다시 일어서서 나아가자 그대여

---

* 한광희 작곡, 서울바로크싱어즈 합창

유언

— 시리아 난민 꼬마 아일린

터키 해변 뒤집힌 보트에서
아이를 들어 물 밖으로 밀어 올리려는데
눈에서 피를 흘리며 한 말
아빠, 제발 죽지 말아요
세 살짜리 꼬마는
고향에 묻혔다
독재자도 반군도 IS도 그 누구도
아이를, 가족을 죽게 할
권리는 없었는데
살기 위해 등졌던 고향에
가족 잃고 돌아온 고향집에
주인 잃은 세 발 자전거와 장난감,
신발만 어지럽게 뒹구는데
아, 가족 잃고 이제 내 손으로는
정말 죽을 수도 없구나

보라매공원 음악분수

나는 무용수,
내 삶의 음악에 맞추어 춤을 춘다네

고요한 날이건, 가슴 벅찬 날이건
그리운 날에도, 괴롭고 슬픈 날에도
나는 발레리나, 발레리노
사람은 가도 시절은 남아
그리운 얼굴 발로 엮어 춤을 춘다네

가을이면 느티나무 잎새 쓸리는 가락으로
연못의 물고기 제 집 찾아드는 여름날의 해어름,
분홍빛 연꽃 피어나는 목소리로
나는 발레리나, 발레리노
올올이 살아온 이야기 묶어 춤을 춘다네

어둠이 짙어오면 무지개빛 고운 옷 갈아입고
나는 발레리나, 발레리노
하늘 향기에 취해 춤을 춘다네

---

* 김현중 작곡, Sop. 이화영 노래

원

뼈를 다치니 근육이 놀라
악! 소리를 지른다
뼈와 근육은 평소 그리 친했던가
놀라지 말라 살들아
눈과 머리가 순간 잘못 판단하였구나
신체여 우리는 하나이니
각자 역할을 잘 하고
서로가 서로를 보살펴야겠구나
그래 그래 그게 당연한 일이지
어디 신체뿐이겠느냐
태초에 하나로 된 세상이었으니
그게 그게 당연한 일이구나
우주만물은 하나의 원으로
하나의 몸으로 연결된 것을
하여 태초 우리의 그 첫 조상부터
우리는 다만 그 조상의
한 사람 한 사람 그 조상의
한 사람 한 사람 너무도 소중한 그 후손이니
땅도 모든 자원도 처음 그 주인이 누구더냐

결국은 누구누구에게만 물려주지 않았으니
누구는 거지가 되고
누구는 재벌이어야 하는 당위도
주장할 근거가 미약하니
강자가 약자를 도와야 하고
부자가 가난한 자를 보살펴야 하는 것이
너무나 당연한 도리인 것을 알겠구나
우주만물은 하나의 원이니
머리야 눈아 코야
입을, 혀를 잘 돌보아라
오늘도 사지를, 뼈를 잘 지켜라
뼈야 살을, 신경을, 장기를 잘 보호하여라
오늘도 눈동자같이 지키고 보호해 달라고
다만 이렇게 기도하고 있구나

제로섬 게임

편지로, 전화로 할 걸
문자와 카톡, 이메일로 하니
너의 마음, 너의 목소리가
궁금하고 그립다
무시로 드나들지 않아도
집 초대는 언감생심이니
너의 체취, 사람 정이 그립구나
얼굴 보는 건
체면 차린 모임에서나 잠깐이니
가족도 흩어져 버린 핵가족,
이웃사촌 가족은 또 어디에 갔나
내 외로움은 나만의 외로움이 아니다
소통도구는 무한대로 넓어지는데
정은 골방의 빛처럼 좀체 스며들지 않으니
외로움 지우려 발버둥칠수록
외로움은 더욱 뼛속 깊은 곳에만 자리잡아
제 한 몸 기댈 곳,
제 속마음 하나 털어놓을 곳도
찾지 못한다

어찌 이득만 누릴 수 있으랴는
문명과 관계의 이 제로섬 게임은
언제부터 시작되었고
또 언제쯤 끝이 나려는지
알 수가 없구나

무지개를 향하여

무지개는 있어요
구름 속에 나의 무지개는 있어요
비바람 그치고 나면
새 아침 새 하늘이 열리고
내 안의 지평선에서 찬연히 떠오를 무지개를
나는 느낄 수 있어요

나는 바라보아요
내 삶의 어느 때, 그 어디에서건
새로이 시작할 수 있는 내 삶을
새 언약의 무지개로 바라보아요

내 삶의 모든 것 한데 빚어
다시 걸러낸 이슬방울과 햇빛으로
저토록 아름다운 내 삶의 무지개를 향하여
오늘도 나는 나아간다오

註) 창세기 9:13-16:

"내가 내 무지개를 구름 속에 두었나니 이것이 나와 세상 사이의 언약의 증거니라/ 내가 구름으로 땅을 덮을 때에 무지개가 구름 속에 나타나면/ 내가 나와 너희와 및 육체를 가진 모든 생물 사이의 내 언약을 기억하리니 다시는 물이 모든 육체를 멸하는 홍수가 되지 아니할지라/ 무지개가 구름 사이에 있으리니 내가 보고 나 하나님과 모든 육체를 가진 땅의 모든 생물 사이의 영원한 언약을 기억하리라"

* 고영필 작곡, Bar. 양진원 노래

겨울에게

차라리 죽어가는 것이 편하구나
화려한 수식어가 없어 좋구나
말라 비틀어져 떨어진 잎사귀들
한데 모여 휘몰이장단 일으키는 지상과
길고양이처럼 적막한 흐린 하늘이
합하여 무슨 생각을 그리 골똘히 하는가
이윽고 하늘에서 하얀 눈이 내리면
온통 하얀 세상 앞에서
눈사람으로 일어 선 땅 위의 사람들은
시래기국에 밥 말아 먹고
사라진 연탄불을 몰래 갈고 나서는
다시금 하늘을 우러러
그 하얀 꿈을 바라볼 터이고
지상의 하루는
또 그렇게 깊어만 갈 터이다

설경

폐지 줍는 할아버지 리어카 끌다
눈물이 난다
군대 간 아들 눈삽질이 아득하다
신림동 비탈길 출근길이 아슬하다
요추뼈 부러진 사내
무연히 문 밖 내다보고
고관절 바스라진 할매 요양원에서
올라갈 좁은 창 밖 하늘
망연히 올려다본다

봄비 내리는 날

비가 내리네
꽃바람 타고
봄비가 내리네
가지마다 꽃등불 켜는 날
복사꽃 그대 얼굴 위로도
봄비가 내리네
젖은 머리칼 맑은 얼굴로
마주보는 깊은 눈동자여
이슬 맑은 그대 향기
감미로운 꽃바람 타고
푸른 내 마음 골짜기로
비가 되어 내리네
아, 오늘도 그 날의 봄비가 내리네

---

* 김진우 작곡, Bar. 박흥우 노래

미안하다

욕하고 싶어도 욕할 수 없다
변명하고 싶어도 차마
변명할 수도 없어 미안하다
한 수레 책더미가
국밥 한 그릇만 못하다 하여도
시니 소설이니 거들떠보지도 않다가
몇 푼 돈이야기에 금방 광채 일어도
돈은커녕 돈만 들어가는
국도 밥도 되지 않는
그따윗 걸 왜 한담
그럼 베스트셀러 작가나 되든가
무슨 명예심은 차 있어서
속으로 아무리 비웃어도
대항할 마땅한 말이 없어서
그렇다고 그만 둘 수도 없어
그저 미안하고 미안하다

아직은

죽고 또 죽고
죽고 또 죽고
내 목숨은 몇 개나 될까
다행이다
아직은 내가
죽고 또 죽고
죽고 또 죽을 수 있는
목숨이 있으니

창 가로

황량하다
도심의 욕심, 욕심이라
나무랄 수 있을까
그래도 햇빛이 드니 고마워라
엿보고 헐뜯는 너로 인해
유리창에 어두운 발을 치고
태풍으로, 벌레로 인해
경비는 어느 날 무성한 미루나무숲을 자르고
황량하구나
한 집 짓고 나면 다음 집
단독 허물고 연립주택 짓는 소음이
겹겹 무질서하게 늘어진 전선줄이
도심의 욕심이라 나무랄 수 없듯이
비행기 소리,
햇빛에 미끄러져 낙하하는 새소리가 반갑구나
다만 이리 흔들리는 초록의 잎새를
처음인 듯 볼 수 있다는 것이 행운이구나
골절된 요추뼈와 엉치뼈를 일으켜
보조기구를 단속하며

그래도 창 가로 몇 걸음 걸어
이 황량하고 고마운 풍경을 볼 수 있음이
무어라 이름할 수 없는
슬픔이자 아름다움이구나

4
크리스마스는 와야 한다

살아줘서 고마운 날들

살아줘서 고맙구나
화분 밖으로 축 처져버린 산세베리아야
반쯤은 말라 잘려나간
한란아 양란아
돌봐주지 않아 뿌리가 밖으로 나왔어도
아직까지 살아주어 고맙구나

햇빛 비쳐드는 날
우리 곁엔 이토록 누군가가 있어
오늘 내 곁에 네가
그 세월 지나도록 네가 있어주어
뿌리치고 떠나지 않은 네가
내 곁에 있어주어
고맙고 고맙구나

내 곁에 네가 살아주어
이토록 다시금 햇빛 비쳐드는
고맙고 고마운 날이구나

불빛

관악산 아래
하나씩 불빛 돋는다
부녀회 야시장도 파할 무렵,
전을 거두면
불빛 아래
오종종 손 내밀
식구들 모습
그 불빛
한데 모으면
그 꿈 하나
옹골지겠다

정육점과 사창가

살과 뼈를 팝니다
온 몸을 토막내
마지막 내장까지
뼈와 살을 팝니다
그대여
이리도 붉고 황홀한
종말을
노을을
그리움을
보신 적이 있나요

다 버려

황사 바람 속에서
태연스레 온통 사냥감을 쫓는, 느글거리는 배암의 눈빛들
이슥고
사방에서 공격해 오는 늑대, 이리, 여우, 갈치떼
네 살점을 내놓아라 마지막 한 점까지 뜯어먹고야 말 테다
머리 쓰지 마 너는 이미 포위되었다
"다 버려!"
그 말은 내가 해야 할 말
"다 버려!"
비로소 안도의 한숨을 내쉬고
촉촉한 가슴에 돋아나는 풀잎 하나
네 처자식을, 재물을, 건강을, 네 이름을, 뼈다귀를
다 버려 허공으로 다 던져 버려
다시
또 다시

내 영혼의 보금자리

타는 가슴, 가슴으로
거리마다 낙엽이 지거든
그 골목길 접어들어
내 보금자리로 가자

비바람 눈보라에도
난로 위엔 김이 오르고
지나온 길, 아픈 발자국에도
숨결 보드라운 꿈이 익어
따스한 햇살 비쳐드는 곳,
하늘 향해 창문 열린
내 보금자리로 가자

거리엔 바람이 일고
인생도 깊이 익어
가슴마다 바스락 낙엽이 지거든
처음인 듯 푸른 그 골목길 접어들어
해와 달, 별들이 깃을 치는
내 따스한 영혼의 보금자리로 가자

---

* 황장수 작곡, 서울바로크싱어즈 합창

금은화金銀花

금화야 은화야
그 모진 겨울을 어찌 이기었느냐
어둠 가면 밝음이 온다고
죽음의 길 넘어 오르면 새 생명이 있노라고
하늘로부터
하얀 학, 노란 학이 되어 내려왔으니
금화야 은화야
너희 가진 모든 것 다 내어주면
그 맑은 영혼까지 다시금
다 다 내어주고 나면
너희는 어느 세상, 어느 몸 속에서
다시금 우리는 이렇게 살아있노라고
민들레처럼 노랗고 하얀 손 내미려느냐
숨바꼭질하다 들킨 아이들처럼
툭툭 털고 고운 얼굴, 고운 마음
어느 누리 어느 얼굴들에게 다시금
뱄죽이 들이미려 하느냐
너희 모습 미소 짓게 하려느냐
금화야 은화야

---

*金銀花: 忍冬의 꽃. 전설에 의하면 금화와 은화라는 쌍둥이 자매가 돌림병으로 죽은 후 다시 태어나면 약초로 태어나 병으로 죽는 사람이 없도록 하겠다 유언한 후, 무덤에서 덩굴이 자라나 여름이면 금색과 은색의 꽃을 피워 '금은화' 라고 부름.

가을 햇살 아래서

티끌 하나도
그냥 날지 않는 법
가을 햇살에
알알이 맺힌
기적의 산물을 보라
너희는 알곡이라
꽉 여문
내 안의 포도송이라
원으로 그려지는 한 순간
결코 서러움일 수는 없이
서걱이는 갈대잎으로
사무쳐 오는 그리움의 강물이여
가을 햇살 아래서
이 땅의 풀잎 이슬 하나로도
맺은 인연의 따사로움이여
그리운 그대는 지금
어디서 무얼 하고 계시나요

크리스마스는 와야 한다

공사판에서 다쳐 거동 못하는 아버지,
일곱 살 난 딸을 부양하기 위해 살아가던 날들,
통영 모텔에 잠입한 형사의 성매매 함정수사 덫에 걸려
욕실에서 너무나 부끄러워
6층에서 뛰어내려 숨 거둔 티켓다방 미혼모의
한 서린 그 하루 위에도
크리스마스는 와야 한다
천국일 거라고 IS단원에 들어간 소녀의 눈망울과
IS대원의 피비린내 나는 두건, 하늘 향한 총부리에도
크리스마스는 와야 한다
트리만 요란할 뿐, 종적을 감춘 캐럴송과
집집마다 돌던 새벽송 위에도
함박눈이 내리듯
크리스마스는 와야 한다
마지막 때 지금도 딱 그때 그 어둔 밤인 것처럼
머리채 쥐어뜯는 진흙탕 감옥소마다
그 어느 날엔
구름 타고 나팔소리로
크리스마스는 다시 와야 한다

그 오랜 봄

봄은 살고 있네
새 순으로 기지개 켜며
어린 날 내 고향 품 속에서
그 오랜 봄은 살고 있네

물오른 가지 곁에 서면
그 들물소리 건너오고
바람결에 꽃무늬
아지랑이로 피어오르네

칼바람 시린 언덕 그 어느 곳,
그 어느 후미진 모퉁이에서건
고향의 봄은 살아 내게로 오네
그 오랜 봄은 팔 벌려 내게로 달려오네

---

* 조석연 작곡, Sop. 양영은 노래

정동진 모래시계를 보며

미래는 금방 과거가 된다
미래도 과거도 나에겐 없는 것
반짝이는 건 순간 현재뿐인데
현재는 어디에 있는가
모래알의 눈망울 속에서
한 점 꽃으로 피어나는가
한 가닥 바람으로 사라지는가
아, 어설프고 가슴 아린 퇴적물이여
이승에서 너와 나 그리 만나듯
잠깐 잠깐 조우遭遇의 기쁨도 없이
영원히 만날 수 없는 기차레일처럼
이어지고 이어질 뿐인 평행선이여
안타까운 삶의 궤적軌跡이여
아, 보고픈 그대는 지금 어디 있는가

마지막 잎새가 있는 풍경

공원엔 비둘기들이 모여든다
여기저기 먹이를 찾으며
마른 어깨를 부빈다
나뭇가지 제 몸을 다 비워 가면
벤치 위 고개 숙인 사람들의
옷빛은 검어지고
손 찌른 외투는 두꺼워지는데
다만 가늘고 기다랗게 퍼지는 한숨 소리-
이대로 멈출 순 없을까 아, 바람아
이제 한 번쯤, 한 번쯤은 종이 울려야지
그리고는 잠잠해져야지 조금은 더 잠잠해져야지

아빠 혹은 아버지

아이는 아직도 아빠라 한다
나는 아빠라 불러본 적이 없다

그렇게도 싫었던 아버지
왜 그랬을까

나는 그러지 않으리라
그런 아버지를 닮지 않으리라 했는데
내가 아버지를 가장 많이 닮았다 하니
어이가 없다

술이 아닌 글이란 이름으로 이제는
위선과 자기 의義 또는 명예욕에
취해 있다는가

설날은 다시 왔는데
가난해도 따뜻했던 친척들 체온이나
부푼 기대나 설레임조차 물려주지 못한 내가
어찌 아버지보다 낫다고 할 수 있을지
오늘은 잠이 오지 않는다

그런 산 하나

관악산 맥 국사봉에 올라보니 알겠다
관악산도 큰 산이라는 걸
봉천동, 신림동, 대방동 아파트며 주택이며 달동네,
상가며 빌딩숲까지
다 안고도 남는 넉넉한
큰 품이라는 것을 알겠다

산 하나,
그런 산 하나였으면
두 팔에 한 이십 만 가구
품에 안고 잠재울
그런 산 하나였으면

수 만 번 제 얼굴 할퀴고,
침 뱉고, 드잡이질 하여도
만만 번 검은 파도, 주홍빛 파도 밀려와도
움쩍도 않는
그런 산, 산 하나였으면

산 하나,
아하, 그런 산 하나
될 수는 없으니
태어난 그대로
그런 산 하나였으면

그대 이름은 내 사랑이라 하지요

그대 이름은 내 그리움이라 하지요
그대 이름은 내 사랑이라 하지요
꽃 피고 새들 노래하는 봄날에
꽃 지고 낙엽 흩날리는 가을날에
그대 이름은 내 사랑,
내 그리움이라 하지요
하늘 푸른 한나절이나
별빛 맑은 한밤중에도
가슴으로 부르는 그대 이름 내게 있어
그대 이름은 내 그리움,
내 사랑이라 하지요
산 넘고 강을 건너
비가 오거나 눈보라 쳐도
가슴으로 부르는 그대 이름 내게 있어
열린 문으로 비쳐드는 그대 고운 빛이여
가지마다 영롱한
진주 이슬 내게 있어
꽃이 되고 나비 되는
그대 이름은 내 그리움이라 하지요

그대 이름은 내 사랑이라 하지요

* 한성훈 작곡, 코리아챔버싱어즈 합창, 과천시립여성합창단 합창, Sop. 한예진 노래

에너지샘을 주소서

그대는 어디서, 누구에게서
오늘 하루 분의 에너지를 얻었습니까
딱히 그 이유를 알 수는 없어도
오늘도 살아야 한다는 명분을 그대는 무엇으로부터
링거병을 거쳐 온몸으로 스며들게 하였습니까
사업가는 사업을 통해
시인은 시를 통해
성악가는 노래를 통해
마른 대지를 단비로 적십니다
그리고 병자는 병과 친구가 됨으로써
절망 중인 자는 암전된 독방의 기도로써
무력한 자는 무력감과 하나가 됨으로써
오늘도 제각기 꽃 한 송이 피웁니다
돌아보면 그 꽃 한 송이
이내 시들고 말지라도
그들에게 그대가 무슨 의미론가로 다가설 수 있을 때
다시금 심장에 피워낼 꽃 한 송이 바라보기에
반갑게 손잡으며 살기로 작정한 그대들이
오늘도 가득 거리를 메웁니다

그런 그대들은 내일은 또
어디서, 누구에게서 그대들
그 샘물의 원류源流를 찾아서
다시 살기로 결심을 하시렵니까

한 해의 마지막 날에

그 겨울 그 드라마가 있어
견딜 수 있었는가
누구에게나 따뜻한 심장은 있노라고
어느 날 문득 넌지시 알려준
잔잔한 물결이 있어
긴 겨울을 견딜 수 있었는가
한 해의 마지막 날에
골절된 허리를 위한 보조기구를
3개월 만에 떼어 내면서
접착부위의 머리카락도 한 올 한 올 떼어 내면서
드러누운 그 많은 날들을
지탱해 준 것은 무엇이었는지
낮아짐으로
어쩔 수 없이 더 낮아짐으로
허공에서 부르게 되는 감사의 노래
유년의 난로처럼 덥혀져 오면
전쟁 끝난 60년대,
황무지 같은 누더기 골목 길
희미한 가로등 불빛 아래서도

별 하나 되어 빛날 꿈에 젖은
드라마 속 이야기에 내 삶이 있어
늘 다른 형태의 그 전쟁터에서도
이따금 찾아드는 주위 사람들의
보듬어준 햇빛 한 줄기 맞이하기 위하여
드라마를 보고 또 보듯
응원과 위로 준
아직 가슴 따뜻한 사람들이 있어
사방을 둘러보아도 황량한 바람에
실망도 분노도 하지 말라고 당부하는
현실 드라마 속 꿈과
어깨 두드린 격려로 인하여
긴 겨울 나를, 우리를
견디게 하는 것인가

5
무등산

벚꽃 향기 되어

벚꽃 터널 아래로 걸어갔어요
하루가 일생이듯 꽃들은 한 생을 물들이고
봄날 새벽과 늦은 겨울밤 이야기를
꽃송이 하나하나마다에 매달아
그 향기로 톡톡 터뜨리고 있어요
그리운 이여 사랑하는 이여
내 곁에 그대 향기 있어
나 지금 산 넘고 강을 건너갑니다
그리운 이여 사랑하는 이여
봄날 새벽과 늦은 겨울밤 지나도록
내 곁에 머물러
한 생을 그렇게
톡톡 그 향기로 터뜨려 주세요
메마른 나를 채워 주세요
서로의 향기 되어 길동무하는
그리운 이여 사랑하는 이여

오늘 감사할 일

무궁화꽃이 피었습니다
바람이 붑니다
상가 앞 바람개비가 돕니다
때 이른 코스모스가 바람에 몸을 누입니다
매미가 전성기를 노래합니다
은행나무 가로수가 파랗습니다
아파트 단지에 올망졸망 감이 열렸습니다
나는 길을 걷고 있습니다
나는 이렇게 숨을 쉬고 있습니다
이윽고 차 한 잔으로 목을 축입니다
오늘 감사할 일은 이 밖에도 많습니다만

빛의 꿈

— 빛고을 가는 길

눈부신 가을 햇살 아래
고향 가까운
산과 들을 지나노라면
눈물이 난다
그토록 오래인 세월
가을걷이 하다가
해 저물어 돌아간 사람들
다들 저토록 고운
한 생의 빛 비추었으리
고향 떠난 사람들
아직 남은 사람들
다들 저토록 고운
빛의 꿈 꾸었으리
지금도 꾸고 있으리

남쪽 나라의 소리

보라카이 씨윈드 리조트 안
대나무 천장
코근 잎사귀 지붕 아래 서면
눈 앞 잔잔한 바다가 다가와
풀어라, 굳은 너를 풀어라 한다

거대한 야자수는
강하라, 더욱 강해져라 하고
흰 색, 분홍색 까라쿠치 꽃들은
곁에 서서
웃어라, 이제 미소 지으라 한다

남쪽 나라,
햇빛과 훈풍과 흰 해변이 있는 곳으로
몰려드는 자들아
조금은 더 큰 자여라
따뜻한 자가 되어라
더욱 더 건강한
자유인이 되어라 한다

가슴에 흐르는 별

내 평생에 외로움이야 그리움인 것을
그리움이야 사랑인 것을
아직도 내 가슴에 흐르는 별은
세월이 흘러도 지지 않는
꽃의 영광이어라
메마른 사막, 험한 산과 거친 바다에서
도리어 빛나는 별은
그대 그리움 없이는,
그대 사랑 없이는 갈 수 없는
순례자의 길이라는 것을
보석이 된 눈물로 흐르고 흘러
마침내 미리내 강물 되어 비춰주누나
아, 손 뻗어 닿을 수 없어도
시공을 넘어
아직도 내 가슴에 흐르는 별은
따스한 고향 봄햇살로 다가오누나

---

* 정덕기 작곡, Sop. 한예진 노래

놀이공원

놀이공원에
해가 저문다
아이도
청년도
어른도
부자도
가난한 이도
노을 아래 걸음 멈추고
아무 말 없이
집으로 간다
숨겨둔 비밀의 새 문을 연다

오지 않는 가을

얼마나 기다려야 나는
그대의 꽃으로 피어날까
얼마나 기다려야 나는
그대의 열매로 다가갈 수 있을까

그대 사모함으로
오늘도 나는 머언 발치
산기슭 강물 되어 그대 에돌아 나가고
외로움으로도 오지 않는 가을,
못내 익지 못한 부끄러움으로
그대 푸르고 하얀 하늘만 바라봅니다

가슴 속 떠나지 않는
장미꽃 붉은 속살 울음으로
얼마나 기다려야 나는
그대의 꽃으로 피어날까

말로는 다 채울 수 없는
가시꽃 속그림자 밟고 밟으며

얼마나 기다려야 나는
그대의 열매로 다가갈 수 있을까

무등산

저 가슴 가슴으로 너를 키웠구나
입석대, 승천암, 서석대
바위로 굳어진 채
하늘로 오르도록
지금껏 기도하고 있었구나
장불재 물까마귀로 앉아
너의 하늘을, 너의 고을을, 너를
끝끝내 지켜 바라보고 있었구나
바람에 밀리는 구름으로
눈꽃으로라도 피어 너를 품고
발꿈치 들고 애타게 기다리며
저 거칠고 긴 땅끝 하늘 바다
헤쳐 건너가게 하였구나

고향 마을
— 예천문학기행, 정유준 시인

온통 푸른 산 밑이구나
푸른 내가 마을을 품었구나
그것은 휘돌아 나가는
상서로운 용의 기상 깃들인
소나무숲이더구나
삼강주막은 들르지 못하였어도
사람들 안내하여
저기가 내 살던 마을이야
저 석송령이 세금을 내는 나무야
저 산 밑이
내 할아버지, 또 할아버지의 산소야
소년처럼 들떠서 붉어지는 볼은
바로 고향이구나
하늘과 가장 비슷한 마을
손 잡고 뿅뿅다리* 건너면
금방이라도 무지개가 뜰 것 같은 마을
바로 내 고향 마을이더구나

---

* 회룡포 마을을 이어주는 다리

살아생전 우리 가족

내 평생의 그리움이야 내 어머니 내 아버지
내 평생의 애달픔이야 내 아들 내 딸이야
가깝고도 먼 하늘 아래 어찌 살고 계시는지
마음 열면 지척인데 갈 수 없는 만릿길

바람 불고 눈비 내려 한 해 또 한 해
60년 모질게 세월만 흘렀어라
아 이제 한 많은 이 땅에서
이내 몸 흔적조차 지워져 버리면
그 그리움 애달픔도 끝이 나려나

어머니 아버지 아들아 딸아
오세요 모진 세월 다 두고 오세요
오너라 아들 딸아 내 품으로 오너라
외치고 불러봐도 살을 에는 찬 바람뿐
그리움과 애달픔은 이 가슴을 도려내는구나

오늘도 해 저무는데
이 해도 다 기우는데

살아생전 우리 가족 다시 만나려나
내 평생의 소원 내 평생의 소원
내 어머니 내 아버지
내 아들아 내 딸아

---

* 심진섭 작곡, Ten. 최재도, 이화국악관현악단

끔찍한 일

하루에 세 번 밥을 먹어야 한다는 것이
하루에 세 번 밥을 먹고 살았다는 것이
하루에 몇 번이건 밥을 먹지 않으면 안 된다는 것이
끔찍하게 느껴질 때가 있다
그래서 오늘 저녁 티브이 프로도
온통 먹을 일 하나로
눈동자마다 광채가 나는 것이
끔찍하게 느껴질 때가 있다
먹고 살기 위하여
다만 먹고 살기 위하여
같은 종끼리 죄를 짓고
보로로족*만도 못하게
더러는 더 잘 먹기 위하여
재물을 쌓고
내가 너를 앞서가야 한다는 것이
끔찍하게 느껴질 때가 있다
하지만 오늘도 굶어 죽어가는
수많은 촌민들이야말로
참으로 끔찍한 일이다

---

* 브라질의 남아메리카 인디언

정규곡선을 따라서

언제가 보름달이더라
달도 차면 기우는 것
내리막길이 위험하다더라
그렇고말고 정말 위험한 길이지
조심조심한다면서도
어느 때 확! 미끄러져 버려
추락의 끝을 묻고 있노니
실망이 쌓여 우울의 종유석으로 매달려
허공으로 뚝뚝 눈물 지는 곳
폭포를 어찌 거스르랴
그것이 순리인 것이라고
두들겨 맞고 맞으며
어싸! 시원하다고 복창하라고 한다
낭창 휘어진 가지 끝에 매달려
나 저쪽 가지 끝으로 돌아갈래!
외치고 있다

재활용 쓰레기를 버리며

미안하다
과욕이었다
저 병도
저 캔도
저 비닐, 종이뭉치도
없어도 될 것이었다

다시는 버리지 않아도 될
그 무엇 하나
오늘도 찾지 못하고
버리고 또 버려야 할 것들만
분주히 나는 쌓고 있다

진정 소중한 것 하나
오늘도 간직하지 못해
미안하고 미안하다

살아내기

하늘 볼 여유는 없어도
일단은 땅에서 살아남아야지
하수구와 맨홀과 커브 튼 차와
진입방지 돌턱을, 계단을, 사다리차를 피해
메르스와 지카바이러스,
핵탄두 미사일을 피해
살아남아야 한다
하여 수도 없이 죽을 순간을 넘어
살아남기 위한 저 분주함과
처절한 몸부림을 보아라
사는 일로 저 아이 또한 울상이지만
그 어미 또한 가슴이 아프지만
모든 생명 있는 것이란
축복의 포도즙일진저!
사파이어처럼 깔리는 하늘빛의 온전함으로
악담과 폭력의 저주를 뛰어넘어
이제는 방향 튼 새 이름의 옷을 입고
두 손 가득 수북한 이슬꽃으로
이 땅의 폐허를 살아낼 일이다

책 버리기

한 생이 어찌
책을 모으고
버리는 일이던가
모으기는 애초에 의도하지 않은 일,
필요해서, 알게 된 인연으로
더러는 직접 쓸 수밖에 없어서
차마 재활용으로 던지지 못하고
하나하나 쌓인 책의 산을
하루 속히 버려야만 한다니
그 많은 말과 지식과 깨우침을 두고
버리려도 버리기도 어려운데
버리기 위해 그토록
글자 하나하나에 정성을 들였다니
지나는 산 굽이굽이 모든 것이
헛되이 부는 바람이라 해도
모든 것은 지나간다 해도
책에서 한 생이 이렇게
조용히 저물 수는 없는데
그러니 아무 것도 쌓아 두지 말아라

책으로 남기지 않아도
네 모든 생을 활활 불태워 버려도
저녁연기처럼 피어오르는
네 그리움의 산 그림자,
버리고 버려도 남아 있을
사랑의 강,
그 흔적만을 바라보라고 한다

권력의 기둥

미셸 푸코의 감시와 처벌을 읽다가 문득
고교시절 담임이 휘두른 권력은 무엇이었는지
어느 날 떼어 본 학생기록부를 보고
악! 소리 나듯 놀랐던 일이 생각난다
멀쩡히 살아있는 부모를 두고
고아로서 열심히 노력한다나 어쩐다나
한 번도 학교에 찾아가지 않았다 해서
어찌 졸지에 고아가 되었는지
사실관계도 없이 그리 함부로 해도 되는지
품행도 주변 세력으로 만들어지는 것인 것을
그때 어찌 알았을까
국민학교 때 '막걸리통' 담임이
기분 나쁘면 이유도 없이
아이들을 쥐어 패다가도
학부모 앞에선 일류 중학교 원서를 곁에 두고
근엄한 표정을 짓고
교감이 되었노라 배 내밀고 으스대던
붉으족족 기름진 얼굴도
어찌 짐작할 수 있었을까

감옥 안 감옥에서
시험과 품행이라는 권력으로
길들이려 했던 것은 무엇이었을까
하물며 크나큰 권력이야
갑질하는 권력의 기둥이야 오죽할까

제1회 계간문예문학상 시 심사평

예심을 거쳐 최종심에 남은 작품은 〈파랑새와 무지개〉외 4편과 〈나 홀로 저 우주 속으로〉외 4편이었다. 〈나 홀로 저 우주 속으로〉는 우리 시가 갖는 지엽적이고, 스케일이 작은 시의 흐름에 비해 매우 그 스케일이 크고 사변적인 면을 취할 만하였으나 한편 바로 그런 면이 이 시의 단점일 수도 있었다. 시가 지나치게 생경하게 드러나 있다는 결점을 지적치 않을 수 없었다. 한 편의 시가 탄생되기까지는 많이 숙성되어야 한다는 점을 유념해 주길 바란다. 〈파랑새와 무지개〉의 투고자는 시를 다루는 면도 제법 능숙했다. 〈파랑새와 무지개〉외 4편을 당선작으로 내보내기로 했다. 현미죽의 쌀알을 씹으면서 들판, 농부, 아버지, 부족, 구리고 유년의 메르겐으로 이끌어 가는 시적 상상력은 이 시인의 시적 능력을 짐작케 하였다. 특히 〈슬픔의 뿌리〉등에서 일관된 흐름으로 서정을 이끌어 가는 감각도 괜찮았다. 좋은 작품을 쓰시길 기대하며 축하 드린다.

심사위원 : 강우식

노유섭 시집_ 원으로 가는 길

초판 인쇄 | 2016년 5월 30일
초판 발행 | 2016년 6월 10일

지 은 이 | 노유섭
회 장 | 서정환
발 행 인 | 정종명
편집주간 | 차윤옥

펴낸곳 | 도서출판 계간문예
주소 | 03131 서울 종로구 삼일대로 32길 36 운현신화타워 305호
편집부 | 03132 서울 종로구 삼일대로 30길 21 종로오피스텔 808호
전화 | 02-3675-5633, 070-8806-4052
팩스 | 02-766-4052
이메일 | munin5633@naver.com
등록 | 2005년 3월 9일 제300-2005-34호
ISBN 978-89-6554-144-8 04810
ISBN 978-89-6554-118-9 (세트) 04810

값 10,000원

〈이 도서의 국립중앙도서관 출판시도서목록(CIP)은 서지정보유통지원시스템 홈페이지(http://seoji.nl.go.kr)와 국가자료공동목록시스템(http://www.nl.go.kr/kolisnet)에서 이용하실 수 있습니다.(CIP제어번호: CIP2016013116)〉